ACTES
DE
L'ASSEMBLÉE
DE
MESSEIGNEURS

LES ARCHEVESQUES ET EVESQUES qui se sont trouvez à Paris pour les affaires de leurs Dioceses, tenuë par ordre du Roy dans l'Archevêché le Jeudy trentiéme du mois de Septembre mil six cens quatre-vingt-huit.

PROCES VERBAL
DE L'ASSEMBLÉE
DE MESSEIGNEURS
LES
ARCHEVESQUES ET EVESQUES

qui se sont trouvez à Paris pour les affaires de leurs Dioceses, tenuë par ordre du Roy dans l'Archevêché le Jeudy trentiéme du mois de Septembre mil six cens quatre-vingt-huit.

A PARIS,
Chez FEDERIC LEONARD Premier Imprimeur ordinaire du Roy, de Monseigneur, & du Clergé de France, ruë S. Jacques, à l'Ecu de Venise.

M. DC. LXXXVIII.
AVEC PRIVILEGE DE SA MAJESTÉ

L'AN mil six cens quatre-vingt-huit, le trentiéme & dernier jour de Septembre, Messeigneurs les Archevêques & Evêques qui étoient à Paris pour les affaires de leurs Dioceses ayant esté par ordre du Roy convoquez en la maniere accoûtumée, & suivant les Reglemens du Clergé, se sont rendus sur les dix heures du matin chez Monseigneur l'Illustrissime & Reverendissime Messire François de Harlay Archevêque de Paris, Duc & Pair de France, Commandeur des Ordres de Sa Majesté, Proviseur de Sorbonne, Superieur de la Maison de Navarre, le plus ancien des Prelats qui se sont trouvez en cette Ville, Illustrissimes & Reverendissimes Seigneurs Messires Charles Maurice le Tellier Archevêque Duc de Reims, premier Pair de France, Legat né du S. Siege Apostolique, Primat de la Gaule Belgique,

A

Charles le Goux de la Berchere Evêque de Lavaur, nommé par le Roy à l'Archevêché d'Alby, Daniel de Cosnac Evêque de Valence & Die, nommé par Sa Majesté à l'Archevêché d'Aix, Denis Sanguin Evêque de Senlis, Toussaint de Forbin de Janson Evêque Comte de Beauvais, Pair de France, François de Clermont de Tonnerre Evêque Comte de Noyon, Pair de France, Matthieu Thoreau Evêque de Dol, François de Nesmond Evêque de Bayeux, Antoine François de Berthier Evêque de Rieux, Jacques Seguier Evêque de Nismes, François de Batrailler Evêque de Bethleem, Louis Anne Aubert de Villeserin Evêque & Seigneur de Senez, Paul Philippe de Chaumont Evêque d'Acqs, Pierre du Laurens Evêque du Bellay, Pierre de la Broüe Evêque de Mirepoix, Humbert Ancelin Evêque de Tulles, Jean Baptiste d'Estrées Evêque Duc de Laon, Pair de France, Loüis Marcel de Coëtlogon Evêque de S. Brieux, Loüis Joseph Adheymar de Monteil de Grignan Evêque de Carcassonne, Charles Benigné Hervé nommé à l'Evêché de Gap, Jacques des Maretz nommé à l'Evêché de Riéz, Charles de Villeneuve de Vence nommé à l'Evêché de Glandéve, Victor Augustin de Mailly nommé à l'Evêché de Lavaur, Henry de de Nesmond nommé à l'Evêché de Montauban, & Pierre François de Beauvau nommé à l'Evêché de Sarlat.

Tous ayant pris leurs rangs & leurs sceances dans l'ordre ordinaire, Monseigneur l'Archevêque de Paris President a fait la priere du S. Esprit en la maniere accoûtumée ; aprés laquelle M. l'Abbé de Villars Agent étant au Bureau a dit :

MESSEIGNEURS,

Ayant receu par Monseigneur l'Archevêque de Paris les Ordres du Roy pour Vous assembler dans l'Archevêché, nous les avons executez dans la forme accoûtumée avec toute la diligence possible. Les mêmes ordres, MESSEIGNEURS, nous engagent à vous rendre compte de deux Actes dont Sa Majesté, par l'estime singuliere qu'elle fait de vos Personnes, a voulu vous faire part. Le premier est une Lettre que Sa Majesté a écrite à Monseigneur le Cardinal d'Estrées le sixiéme Septembre 1688. à l'occasion des affaires presentes : Et le second est un Acte d'Appel interjetté au futur Concile General par Monsieur le Procureur General du Parlement le vingt-septiéme Septembre de

B

la même année ; lequel Acte Sa Majesté a jugé à propos de ne rendre public qu'après vous l'avoir communiqué. Si vous l'avez agreable, MESSEIGNEURS, j'aurai l'honneur de vous faire la lecture de l'un & l'autre de ces Actes.

Aprés quoy Monseigneur l'Archevêque de Paris a ordonné à M. l'Abbé de Villars de faire la lecture des Actes dont il venoit de parler ; ce qu'il a executé ; & la lecture en étant faite, Monseigneur l'Archevêque de Paris a dit :

MESSEIGNEURS,

LE ROY m'a commandé d'avertir vos Agents de vous assembler dans ce lieu, afin qu'en qualité d'Ancien je puisse vous faire connoître la confiance dont il luy plaît de vous honorer dans la conjoncture des affaires presentes. Vous aurez appris par la Lettre que Sa Majesté a écrite à M^r le Cardinal d'Estrées, la situation dans laquelle elles se trouvent, & la juste défiance qu'a Sa Majesté de la disposition du Pape, qui n'a pû se laisser fléchir par toutes les soûmissions qu'Elle luy a renduës, non seulement comme Fils aîné de l'Eglise, qui respecte le Pere commun des Chrêtiens, mais encore comme un Prince doüé d'une pieté exemplaire, qui n'a voulu rien oublier pour rechercher son amitié.

Cependant, Messeigneurs, les plus fideles Serviteurs du Roy sont aujourd'huy persuadez que N. S. Pere a poussé à bout la patience de Sa Majesté, & qu'il s'est entierement partialisé en faveur des Ennemis de sa Couronne les plus déclarez.

C'est ce qui luy a donné lieu d'envoyer ses Ordres dans Rome à M^r le Cardinal d'Estrées, & de permettre icy à M^r le Procureur General du Parlement d'interjetter un appel au Concile general futur des Griefs reçûs ou à recevoir dans le temps de ce Pontificat, d'autant plus que la conduite passée du Pape fait apprehender, avec juste raison, à ce digne Magistrat que N. S. Pere le Pape n'en tienne une semblable dans la suite de ces affaires.

Et cela, Messeigneurs, afin que si Sa Sainteté se laissoit aller à ses préventions jusqu'à employer les Armes spirituelles de l'Eglise au préjudice des Sujets & des Estats de Sa Majesté, M^r le Procureur General arrêtât par cet Acte toutes les Procedures Ecclesiastiques d'un Pape irrité contre la France; & que l'appel au futur Concile general, qui, selon nos maximes fondamentales, est reconnu Superieur de tout Eſtat & de toute Perſonne Eccleſiaſtique ſans exception, même de celle du Pape, ſuſpendit tous les effets de ſa mauvaiſe volonté, ou les rendit inutiles.

Mon Official a donné Acte de cet Appel à Mr le Procureur General, qui l'en a requis au Tribunal de ma Juridiction; où ce Magiſtrat luy a encore demandé des Lettres que l'on nomme Apôtres, pour pourſuivre cet Appel en temps & lieu.

Le Roy, Meſſeigneurs, ne doute pas que vous n'appreniés avec plaiſir la ſage précaution de cette procedure Eccleſiaſtique, qui raſſure les conſciences les plus timorées, met les choſes dans les regles, previent même les troubles que Sa Majeſté ſçaura d'ailleurs diſſiper par la force & par la juſtice de ſes Armes.

Mais il attend de vôtre zele & de vôtre fidelité que vous employerés dans vos Dioceſes vos inſtructions & vos ſoins pour faire entendre à ſes Sujets la prudence & la moderation de ſa conduite.

Sa Majeſté eſt perſuadée que connoiſſant parfaitement, comme vous faites, la difference qu'il y a entre un démêlé de Religion & une guerre purement temporelle, vous ſçaurez lever les allarmes des perſonnes les plus ſcrupuleuſes

leuses, & dissiper les effets de la malignité de ceux qui seroient les plus mal intentionés contre son service & le repos de l'Estat.

Le Roy m'a encore commandé de donner ses Ordres à vos Agents pour faire entendre ses intentions à nos Confreres absents, qui nonobstant leur eloignement, auront par ce moyen l'avantage de participer à l'honneur qu'il nous fait aujourd'huy.

Au surplus Sa Majesté ne doute pas que vous n'employez vos prieres pour rendre la Paix générale à la Chrêtienté & cette bonne intelligence entre N. S. Pere le Pape & le Roy, pour laquelle Sa Majesté a tant fait d'avances.

Sa Majesté n'épargnera rien de son costé qui soit juste & raisonnable pour venir à bout de ce dessein. Aussi a t'elle lieu d'esperer que soûtenuë de sa valeur & de vôtre zele, Dieu exaucera ses vœux, & benira à pleines mains ses intentions & sa pieté.

Aprés ce discours, la compagnie d'une voix commune & unanime a prié Monseigneur l'Archevêque de Paris de remercier treshumblement Sa Majesté de l'honneur qu'elle luy faisoit de luy donner part de ce qui s'est fait & passé dans les affaires importantes contenuës dans les Actes dont on venoit de faire la lecture, ne pouvant mieux faire en ce rencontre que de répondre à cette faveur par des vœux, pour qu'il plaise à Dieu d'inspirer au Pape dans cette occasion des sentiments de Paix par des eloges de la pieté du Roy, par de tres-humbles actions de graces, & des applaudissemens respectueux à la sage conduite de Sa Majesté. Fait à Paris le jour & an que dessus.

† FRANCOIS Archevêque de Paris President.

† CHARLES MAURICE Archevêque Duc de Reims.

† CHARLES Evêque de Lavaur, nommé Archevêque d'Alby.

† DANIEL DE COSNAC Evêque & Comte de Valence & Die, nommé Archevêque d'Aix.

† DENIS SANGUIN Evêque de Senlis.

† TOUSSAINT Evêque & Comte de Beauvais.

† FRANÇOIS Evêque de Bayeux.

† FRANÇOIS DE CLERMONT Evêque Comte de Noyon.

† ANTOINE FRANÇOIS Evêque de Rieux.

† MATHIEU Evêque de Dol.

II.

† SEGUIER Evêque de Nismes.

† FRANÇOIS Evêque de Bethléem.

† LOÜIS ANNE Evêque de Senez.

† PAUL PHILIPPE Evêque d'Acqs.

† PIERRE Evêque de Belley.

† PIERRE Evêque de Mirepoix.

† HUMBERT Evêque de Tulles.

† JEAN D'ESTRE'ES Evêque Duc de Laon.

† LOÜIS MARCEL DE COETLOGON Evêq. de saint Brieux.

† LOÜIS JOSEPH DE GRIGNAN Evêque de Carcassonne.

† CHARLES BENIGNE HERVE' nommé Evêq. de Gap.

† JACQUES DES MARESTS nommé Evêque de Riéz.

† CHARLES DE VILLENEUVE DE VENCE nommé Evêque de Glandeve.

† VICTOR AUGUSTIN nommé Evêque de Lavaur.

† Henry de Nesmond nommé Evêque de Montauban.

† Pierre Fr. de Beauvau nommé Evêque de Sarlat.

Par Mesdits Seigneurs

L'ABBE' DE VILLARS Agent Général du Clergé de France & Secretaire de l'Assemblée.

LETTRE Circulaire de Messieurs les Agens Generaux du Clergé de France écrite par ordre du Roy à Messeigneurs les Archevêques & Evêques du Royaume.

MONSEIGNEUR,

AYANT receu par Monseigneur l'Archevêque de Paris, les Ordres du Roy, pour assembler dans l'Archevêché Messeigneurs les Archevêques & Evêques qui se sont trouvez à Paris, Nous les avons executez selon les formes accoustumées. Vous apprendrez, MONSEIGNEUR, par la Copie du Procez Verbal, que Nous Vous envoyons, tout ce qui s'est passé dans l'Assemblée, Vous y verrez les intentions du Roy, & la maniere pleine d'estime & de distinction, avec laquelle Sa Majesté en a usé envers le Clergé de France. Elle ne s'est pas contentée de faire part des Affaires presentes aux Prelats qui se sont trouvez auprés d'Elle, sa Majesté a voulu honorer de la même grace tous ceux de son Royaume en particulier, Nous ordonnant de Vous rendre compte de tout ce qui s'est passé, & de Vous en envoyer les Actes. C'est avec beaucoup de joye, MONSEIGNEUR, que Nous nous acquittons de ce devoir, & Nous profitons de cette occasion, pour Vous asurer, que Nous sommes avec un profond respect,

MONSEIGNEUR,

A Paris, ce 2. Octobre 1688.

Vos tres-humbles & tres-obeissans Serviteurs.
Les Agens Generaux du Clergé de France,
L'Abbé DE VILLARS.
L'Abbé PHELYPEAUX.

www.ingramcontent.com/pod-product-compliance
Lightning Source LLC
Chambersburg PA
CBHW061614040426
42450CB00010B/2478